JN439675

中原詩抄

林性照 詩集

冥想 · 創作 中心
游朶衍
—You Ta Yon—

尼連禪河(Nehanjaha)에서
촬영 / Nehru대학 서경수 박사

序

내일이 새로울 수 없는 노년의 시작(詩作)은 난감하다. 중원의 빈도(貧道)와 궁시(窮詩)마저 저버린 유자(游子)에게는 더욱 그러하다.

내가 과연 시인이라 불리어도 좋을 것인가.

글을 쓰는 자의 파란(破爛)보다 글을 쓰지 못하는 자의 파천황(破天荒), 그 현실은 비극이 아닐 수 없다.

시나 문장이 인생 최종의 가치를 결정하는데 얼마만한 의의가 있다는 것인가. 바랄 수는 있으나 이룰 수 없는 꿈은 창망(悵望)하다.

中原의 장서 속에 묻히다 보니, 자연 고인의 문적(文籍)을 열게 되었다.

> **죽어서 외롭다 서러워 말 것이, 그대는 죽어서도 혼자가 아니던가**

구례에서 서울까지 천리 길을 혼자 걸어와 영재(寧齋)의 무덤 앞에 선 매천(梅泉),
그가 남긴 한 구절의 시정신이 이 시대를 울린다.

스스로 시인이기를 부정(否定)한 봉필(封筆)을 풀어, 감히 시 앞에 다시 서자 한 뜻도 바로 여기에 있다.

이 시대의 식자인(識者人)이 그 누구인지, 오늘의 참 시인이 그 몇인지, 버린 시와 버린 문집, 헤아릴 수 없어 중원의 유자(游子)는 알 길이 없다.

이 시집은 시집이 아닌 와집(窩集)이다. 도필(韜筆)의 행간에 묻혔던 삽화(揷話) 속의 문채(文彩)들을 건져 올린 경초(勁草)다.

서른 매듭의 그 첫 매듭을 여기에 푼다. 불파문정(不罷問程)의 문필(文筆)조차 홀로에선가 지난날이 그저 가뭇하다.

북천(北天) 산자락, 늦은 빈손이 쉴 곳을 건너 바람을 탄다.

만리 구름 밖에 저무는 안습(眼濕)의 노야령(老爺嶺), 가슴에 담아 봐도 노을 한 점 없다.

이제는 너무 먼 길을 왔나 보다.
남은 날이 춥다.

2015. 초여름

游 子 書

CONTENTS

3 사막

4 관도(關道)

5 영대(靈臺)

6 풍류(風流)

1

중원(中原)

중원(中原) 이야기 / 중원행 · 1 / 중원행 · 2 /
중원행 · 3 / 중원행 · 4 / 황하 / 도정(道程) /
무자비(無字碑) / 梅花鹿

중원(中原) 이야기

天下之中의 中原은 중국의 이칭(異稱)
公元 전 1036년 周成王 7년
雒邑二城에 처음 세운 명칭이 中國,
天寶之地의 당시 중국은 정치 문화
중심의 수도
예주 · 중주 · 하남에 이어 中原의
이름 아래 天中之邦이 되다

중원행

1

일자(一字) 지평의 풍광 속으로
눈부신 전동차가 멀어진다

시안, 뤄양, 카이펑, 정조우

하늘이 감춘 지평–

천리 초초(迢迢) 중원행
눈금도 흰다.

중원행

2

넓지도 길지도 않다

볼 수 없는 거리까지

멀어질 뿐

세월은 세속으로 흘러들어
세상 밖을 향하다

끝내는 종지사(終止詞)

망산(邙山)에 들다.

잠.

중원행
3

밤차

칸, 맨 끝자리

캄캄히 앉은 소실점

빈 자리마저 지워진

정점(頂点),

이 시린 달빛
밤을 덮는다.

중원행

—商量*

4

연화(蓮花)는 출수부용(出水芙蓉)이라,

-불염(不染)-

일타옥란(一朶玉蘭)이면,

-파(巴)-

차(茶) 석 잔째, 빈 잔
공중에— 뜨다

-활(滑)-

등뒤에 타는 선노의 장탄(長歎),
잔광보다 붉다

만리보다 멀다.

---

* 서로 주고 받은 법담.

황하

—龍吟

곤륜산에서 흘러내린 물사태(沙汰)가 사막의 염택(鹽澤)으로 스며, 자취를 감춘다. 잠류하기를 또 몇 천리 청해(青海)에 이르러 그 모습을 지층으로 드러내어 장장 팔천팔백 리 황하를 이룬다.*

낙산(洛山)의 의취(意趣)와 시흥(詩興)이
삼문협 대랑(大浪)보다 길다
용울음 소리 같다

一 河 土 紅

하상(河上)을 나는 눈앞 두루미
허공 속 길을 열다.

---

* 漢나라 장건(張騫)의 시(감숙성 가욕관시 현벽장성에 장건상이 있음)
* 趙金昭 사백의 아호
* 홍(紅) 정신성의 깊이로 볼 것

도정(道程)

탁류의 황하,
낚시를 접는다

여윈 손이 흰 절벽 같다

黃 河 日 圓*

---

* 가없이 넓고 멀다의 영원성.

무자비(無字碑)
—티벳 나사에서

종주(宗主) 떠나자
종도(宗徒)마저 사라진
적조광명만이 눈부신 고궁

간경에 눈 멀고
독경에 귀 먼 반석 같은 수좌

무자비(無字碑)에 기대인 채 마냥 한가롭다

뚝뚝 떨어지는 빛 푸른 남천(藍天)
바라보는 깊이만큼 시름 고여 있다.

梅花鹿

돌꽃 핀 벼랑 끝자리
매화록 한 점

섶눈 안창(窓)에 비치는 하늘
흐르는 새털구름 바라보고 있다

구름 속에 깃든 새소리의 숨결
꿈꾸고 있다.

2

낙양(洛陽)

낙양(洛陽) 이야기 / 비방(秘方) / 의지왕 묘 /
전족(纏足) / 북망산(北邙山) / 낙양성 / 서선(書仙)
/ 낙신부(洛神賦) / 부여불 / 고도(高度)

낙양(洛陽) 이야기

九朝三帝의 고도, 神京인 낙양
周·漢·魏·晉·北魏·隋
唐·武周·後粱·後唐·後晋의
천년 帝都

天下之中의 중심인 土中 洛陽은
오늘의 육대고도 중 서열 으뜸
그 다음이 서안, 北京의 순

唐 이후 宋詞, 元曲, 明清小說로
이은 〈洛陽賦〉, 〈洛神賦〉, 〈龍門賦〉,
〈牡丹賦〉는 자칭 四海內域 문화의
尊長이라 할 만큼 모자람이 없다

杜甫, 韓愈, 白居易 등은 祖籍이 있거나
혹은 오래 居留했던 中土인 낙양

神京 낙양은 전생에 내가 머물던
고향 같다는 생각, 뜬금없이 든다.

비방(秘方)

낙양 노성가(老成街)*
한 노인이 갓길에 앉아
비방을 팔고 있다

'벼룩을 잡는 비방'

돈을 주고 비방을 사다
집에 돌아와 봉인을 열다

근착(勤捉 : 부지런히 잡아라)

세속(世俗)은 탁(濁)해도
세상(世上)은 유쾌하다.

---

* 老成街 : 중국 하남 낙양시에 있는 고완(古玩) 상가

의지왕 묘

—망산 봉황대

망산은 허허롭다
산도 들도 아닌, 이름뿐인 평산
망산의 음유월은 사막이다

백만 묘좌의 총지
의자왕의 묘를 찾아
일생을 떠돈 진노인
봉황대로 가는 길은
길 없는 평분, 텃밭뿐
한 그루 나무 그늘조차 없다

문득 진노인이 외오친다
저어곳— 손끝이 떨어지는 곳
망산 봉황대(鳳凰臺)
삼년여 숙원이 열리는 자리

천평 텃밭의 농변, 비어 있는 경지
천구백 이십년, 삼십년 두 번 도굴된
저 터밭이 의자왕의 묘지였다

처연한 내 모습 때문이었을까
진노인도 장노인도 떠나 버린

그 빈 자리에 홀로 선 채

잃어버린 우리 모두의 초상을 굽어보다.

---

* 1) 북망산 현지에서는 의자왕을 부여왕이라 칭함. * 하남성 낙양현에 있는 북망산 봉황대. * 진나라, 오나라, 백제의 마지막 왕묘가 있는 지역(－舊唐書).
2) 백제문화연구소, 의자왕추모회, 부여－낙양 매년 교류, 발굴 연구는 전무.

전족(纏足)

—洛陽風으로

음돼지날 피륙 풀어 발 씻는 날
노성(老成) 밖 팔순 할매 찾아 나서다

구겨진 세월 속 풀씨 같은 사연
빈 잔에 노을 담아 등불 올려도
절레절레 고개 돌려 몰라라 하다

새소리 여울 짓는 해맑은 아침
청잔에 흰술 담아 눈웃음 든 채

"달빛에 씻긴 통발 눈물 한 사발
아장아장 걸음마다 땀이 두 사발"

요령 풀고 목청 풀어 넉살을 떨자
그린 듯 어여삐 다탁(茶卓)에 앉다

"방지용 도주설은 허드레 빈 말,
성의 음도 질감을 좁히려는 욕망"
죽은 이후 인두로 발가락을 펴
비로소 신위(神位) 앞에 서는 발의 잔혹사

무엇을 더 보고 알고 싶더냐
솔잎 물에 씻긴 전족, 젖은 발을 턴다
잔혹하고 처연하고 숙연하다

헤어지는 문밖
살아낸 팔순 세월 올올이 풀어
굽은 등, 허리 펴 손을 잡는 할매

아, 염주알이 손 속의 달로 떠 있다.

---

* 1949년 1월 전족금지령이 내림.
현재 운남성 유리촌에 104명이 잔존

북망산(北邙山)

—非山非野

일촌상산북망산
(一寸上山北邙山)

일촌하야동평원
(一寸下野東平原)

* '북망산이 어디인가' 찾는 자의 첫 물음이 산을 이룬다. 필자가 빚은 방편구

낙양성

성(城) 뒤, 성안의 열린 허(虛)

닫힌 십리 총(塚).

---

* 한국 가요 '낙양성 십리허에 높고 낮은 저 무덤'의 글귀(一句)에 관한 자료원(資料原) 요청으로 곤혹을 치름(낙양시 文部).

서선(書仙)

—王養民翁

장반(掌半)의 포동(泡桐) 잎
잎의 일생이 진다

숨죽인 흥취
마음은 손을 따르지 못하고
손은 붓을 따라가지 못한 채
상의(尙意)와 청신(淸新)만이 풍파에 올라앉아
천고의 中原만 휘몰아친다

꺾고 멈추어 옥조여도
뇌도(雷濤)의 필성(筆性)은 가늠할 길 없고
흉중 만 권의 서(書)
글로 이름을 얻었다 한들
어찌 창서(創書)를 얻었다 하리

천속이 난무하는 시류의 작금(昨今)
일운(逸韻)의 경지에 맞닿은
진진한 필문, 그 몇인가

마음터 담아낸 신운(神韻)

춤추듯 어우러져
필봉(筆鋒)의 붓눈으로 빚어낸 일품(逸品)

어딜 봐도 따로 없고
따로 봐도 다시 없다.

---

* 담벽에 쓴 揮筆을 趙撲初 서예 주석이 보고 鄧少平賞을 내린 일화로 유명해진 서예가

낙신부(洛神賦)

—밀비(密妃)

밀비는 복희씨 딸로 낙백(洛伯)의 처,
낙수(洛水) 양안(兩岸)에 살던 하(河)씨와 낙(洛)씨,
어느 해 전쟁을 하다
(토로이 戰史의 축소판 같은)
비운의 밀비는 하백(河伯)에게 가야할 몸,
화선(花船)을 보내 영접하는 접안대(接岸臺)에 닿자
돌연 냉대와 냉소로 대하는 하백,
운명을 감내한 밀비,
낙수에 몸을 던져 수신(水神)이 되다
복희씨는 그 소식을 듣고 대군을 보내 하백 일족을 멸해 버리다
(토로이 野史의 복사본 같은)
역사는 밀비의 미모에 대해
굴원(屈原)은 풍성한 몸매, 살색은 검다 하였고
초사(楚辭)는 오롯 수신이 되다로 맺다
오롯 조식(曹植)만이 유룡(游龍) 같고, 조로(朝露) 같고 부용(芙蓉) 같다 하여
영원한 미인으로 각인시키다.

---

* 游子가 수집한 여러 자료화집을 보면 남인도 드라비다족과 아리안족의 합혼으로 태어난 혼혈아 같음

부여불*

一文郎將妻扶餘氏敬造兩樞

"일문낭장의 처 부여씨가 공경하는 마음으로
한 쌍의 부처를 조성하다" 라는
열두 자,

저 부여불 앞에 나는
적막과 침묵의 시공을 건너
익명의 세월로 서 있다

천년 부여불의 눈물, 비원으로 서 있다.

---

* 2006. 6. 용문 877, 부여불 발견.

고도(高度)

고공 삼만 피드
기체는 제자리다

어디에나 있고
어디에도 없는

진동의 광파,

고도의 의식만
허공 속에 앉아 있다

만리 운수 무진행—

찰나의 진동은
순간의 이동으로 변환되어
시간의 방향을 연다

연 착,

눈을 감는다

고도,
낙양

환한 모란꽃이
손을 흔든다.

3

사막

사막

1

의문의 지평 – 지워진 기억.

---

* 사막은 인간의 안목으로 해독되지 않는 캄캄한 깊이와 적멸의 시공이 사막으로 남아 있다.

사막
2

분지의 지평
낙일 너머로 멀어져 가는
은빛 채광의 적요,
익은 살빛이 낙타의 그늘에 입혀
소금 빛으로 눈부시다

악소(荷克)에서 호텐(和田)
종단 여드레 길은, 낙타도 숨가쁘다

삭정이가 다된 표랑(漂浪),
사막에서 사막의 생을 확인한다

몇 자의 기척도 없다

꿈의 사막행.

사막
−다크라마칸
3

사막은 백색 비명인가
백색 투명의 변형인가

발소리도 뽑히는 적요
모두를 앗아간 카라브란
그 씻긴 새 자리
눈부신 석영(石英)들의 요요(夭夭)
그 관능의 종극은 어디쯤인가

텅빈 묵음의 비명을 넘어
쓰러진 지평에 음표를 단다
포플러의 잎 소리가 운율로 반짝인다

모두가 허상이다

여기가 어디쯤일까.

---

* 카라브란(Kara bran)−검은 모래 폭풍

사막

—어란(魚卵)

4

숨 막히는 아름다움—
타는 지평의 홍하(紅霞)
어쩌다 회오리 비바람 속
묻어온 치어(穉魚)
고여 눈 뜬 옹달늪
늪 소의 어란(魚卵)
내 지친 반생(半生)보다
숙연하여라.

* 치어와 함께 단생(單生)을 보내는 천(泉)보다는 크고 호(湖)보다는 작은 소(沼).

녹주(綠州)

—오아시스

갈증의 한시적 샘터의 뜻보다
휴식의 한정된 쉼터의 뜻이
더 깊다

깨어 있다.

* 中原에서 오아시스를 '綠州'라 함

월아천(月牙泉)

바람 부는 내안(內岸)
오사(嗚沙)에 깔리는 이슬눈 같은
아미(娥眉)의 월아는 아리따웠네

어느 날, 바람의 고비(Gobi)와 눈이 맞았네

저 한정 없는 그리움의 눈짓과 같은
천길 유사(流沙) 속의 금빛 사랑은
녹사(綠沙)의 숨결로 피어 올랐네

어느 달, 바람의 고비는 아니 보였네

골골이 뻗치는 향기의 꽃새벽,
소슬한 비취빛 밀어만 엮어 놓고
아스라이 침잠한 반달 흰 눈썹,
은하로 은하로 날아갔네

어느 해, 바람의 고비가 돌아왔네

낙타 울음 포개 우는 눈물의 홍하(紅霞)

바람은 샘의 수초, 눈썹이 되고
모래의 현(絃)의 오사(嗚沙), 음반이 되어
고여 우는 한(恨)의 샘이 월아천이라네.

---

* 중국 돈황시 근교에 있는 명사산(鳴沙山), 그 모래골에 있는 반달샘

지평(地平)

남은 날의 내일은 귀로 보고
지난날의 어제는 눈으로 본다

저 혼자 아름답다.

야칭스

계곡이 추울수록
물길 세차고

외길 머물수록
머언 융말라

되돌아 굽어보는
눈 녹은 움터

눈 시린 하망만이
불빛 같다.

---

* 하망(hamang) – 석편

임종의 집
—바나라시

열반의 도정인가 윤회의 여정인가
꽃머리 금송아지 정토 먼 길 앞서는데

상주는 웃음 띠고 객은 시식 든다

빈 자리 머문 숨결 허물 벗듯 벗어 놓고
타오르는 불꽃 속, 깃털처럼 잠든 그대
한 자락 타는 꿈, 자리마저 꿈만 같다

덧없는 구십춘광 구름 밖에 저무는데

꽃그늘 고인다
천향(天香) 스민다.

---

* 인도 순례자의 성지. 힌두문화 토템은 죽음 그 자체가 열반

4

관도(關道)

관(關) / 유타연(游朶衍) / 이슬 / 석교(石橋) /
학란(鶴蘭) / 빈교행(貧交行) / 신교(神交) /
행지원(行持院) / 해인(海印) / 하품(哈欠) / 절구 /
종생(終生) / 천문(天文) / 뇌문(腦文)

관(關)

—살아낸 半生을 一字로 關하라

游.

-商量-

선자. 살아온 半生을 一字로 關하라

一 游.

선자. 양구(良久*)하다

一 游於藝라.

선자. 돈수(頓首*) 후,

동쪽으로 바로 가다(一直往東)

一 立字無人*이여 일획萬感, 일자萬精, 일구萬藏이로다

---

* 문답에서 잠시 묵언하는 상태
* 머리를 조아려 절을 하는 禮
* 각령(覺靈)

유타연*(游朶衍)

학문은 쌓을수록 깊고
도문은 비울수록 높다

어제는 금강산 마하연에서
오늘은 북한산 유타연에서

옛 마음 풀어 이고 내일을 닦는
봄 여름 가을 겨울 봉정 유타연

어떤 무엇으로 나는 지금인가
쉬지 않는 무소식 확연하여라

관(關).

* 명상 · 창작 중심처

이슬

—潛露*

잎 지고 꽃 피던 계절
그 몇 해런가*

문도 창도 없는 허당에
나 홀로 앉아

풀잎에 가득 내린 아침 이슬,
무심히 바라볼 때

홀연히 벙그는 목련꽃, 한 등(燈)
가슴에 향기로 와 안기네

등꽃으로 다가와 마음 밝히네.

---

* 잠로(潛露) – 가득 내린 이슬, 부처의 깊은 은혜
* ~런가– 예스럽게 쓰는 의문형 종결어미 '던가'

석교(石橋)

—柏林寺에서

섶다리 지나
배다리 지나
돌다리에 이르다

석 잔의 다향
어디에도 없고

빈 찻잔 안
가을빛이 모여

잘린 세월의 상처만
씻고 있다.

학란(鶴蘭)

일곱 번 무너지고
여덟 번 업혀 올라

설령(雪嶺)에 서다

봉정(峰頂) 어디에도
학란은 없고

봄 소식 여윈

눈 구름만 자욱하다

확연하다.

---

* 雪山一嶺의 준말

빈교행(貧交行)

* 一然과 法頂

유자(游子)는 화전민을 사랑하였다
가파른 산간 벽지 가뭇한 띳집
화전민의 생활 속에 자신을 입혀
스스로 묻혀 산, 남루의 빈교

도심의 호사를 마다하고 터를 잡은
도량은 화전, 오지의 움터
빈손 빈 자리에 오롯 홀로
원(願)을 세운 유자

그해 여름
새소리 여울 짓는 버들치 계곡
벚꽃 피어 환한 하얀 새벽길
새벽 이슬 밟으며 가슴 울던 유자

"쌀독에 남은 알곡 턴 주먹밥, 차마 못 떠나는 자식 밀쳐야 했던 모진 어미의 마음, 부석사 중이 된지 삼년 만에 어미 죽자, 법당 돌바닥에 이마를 찍고, 칠일 칠야 밤을 새운 진정사(眞定師)의 사연."

"분황사 천수천안 대비상 앞에, 눈먼 딸을 부여안고 서럽게 울다 그만 지쳐 영영 잠든, 한기리(漢岐里)의 여인 희명(希明)."

"영취사 매바우 노송 긴 가지의 영매,
쫓기다 지친 몸 호수에 던져, 품에 안은 까투리 새끼 끝내 지켜낸 모성 앞에 매조차 눈물 떨군 영취골(靈鷲) 사연."

사연 많은 중생의 빈 가슴에
달빛 담아 띄워 보낸 자비 행지행
한생 품은 양심, 대처럼 입고
출가인의 자각, 등 밝혀 든
청규와 청빈으로 자신을 엮어
중생의 비원 앞에 숨죽여 울던 유자

저 큰 빈 자리에 山이 하나 누워 있다

대지팡이 하나, 짚신 한 켤레
한 푼 없는 빈 주머니 띠
단향에 덮인 가사(袈裟) 평상(平床)에 누워

묵연히 홀로 떠난 유자

초록 물꽃 다시 피어 골 깊은 산길
물골 소리 짚고, 산 오를 때마다

유자 머문 정토 길, 눈금 천리 길
북한산 십리 길이 노을에 탄다.

* 삼국유사 권 3. 영취사조, 진정사 효선 쌍관조, 맹안득안조의 설화

신교(神交)

두 노인 마음 튼지 스무 몇 해
국화 꽃씨 들듯 소식만 오갈 뿐
일찍이 한 번도 얼굴 마주 없었다

해의(海衣) 삼백장 속 바람에 소식 묶어
구름 속 빗물 들듯 꿈길만 가고 올 뿐
일찍이 한 번도 상면 한 번 없었다

요즘 광파 속에 소식 띄워 마주보는 세상
달 뜨듯 꿈 뜬 소식, 웃음 터져 보이지만

어디에 信이 있어 親이 깊던가
어디에 親도 없이 信이 높던가

굽이굽이 눈빛 천리 세월만 짧다.

---

* 梅耕 李建昇이 石田 黃瑗에게 청태(海衣) 삼백장을 매년 보냈고, 檀湖 申斗鉉은 梅耕에게 마른 국화꽃 씨를 해마다 보냈다.

행지원(行持院)

—門 앞에 서서

먼 길 떠날 때 짐은 가벼워야

새 짐을 더 줄여 지고 가리까

빈 바랑에 찬 달빛, 밤길 가볍고
솔 푸른 빈 자리, 날빛 따습다

눈을 감는다

맑고 밝은 천향(天香)

가슴 저민다.

* 항용 삼일만 머물지 살지 않는다는 '不居位'로 유명해진 명소. 法頂 화상이 말년에 머물던 처소.

해인(海印)

시문(詩門)으로 入山
선문(禪門)으로 출속한

나

해인 삼년은 삶과
시문을 일궈낸 발현처

살아낸 生의 반분보다

길고—

깊다.

하품(哈欠)

선당(禪堂)

노덕(老德)이 일성(一聲)을 토하려 하자

구름같이 모인 수좌(首坐)

하 哈(hā)－
아는 자 읽거라

－아무 소식 없자

한줌 소나기 후박 잎 두드리다

낮닭이 홰를 치며
목청을 높인다

상락아정이 어디 따로 있더냐

---

* 긴 하품 소리

절구

운문(雲門)의 一字, 초란
조주(趙州)의 一句, 노각

천하의 진언도 한 자에 타 버리고
천상의 묘음도 한 절 앞에 녹아버리다

청준(淸峻)한 초식(超息)
무상(無相) 대도여

'운문의 손은 사해천리,
조주의 혀는 장강 만리로다'*

관(關).

---

* 禪詩語錄 참조

종생(終生)

쉼표 위에

눈 내려

잠든

겨울 숲.

천문(天文)

—占자 玄文의 星學

비조출림(飛鳥出林)의 페렐만*
우리의 손이 닿지 않는 곳으로 가버린 은자,
그를 찾아내는 길은 단 한 점
있는 그대로의 자신 속, 순간의 연속
이음 안에서만
가능한 신(囟)이 열린 자
그자만이 그를 찾아내리.

* 그리고리 야코브레비치 페렐만, 수학자. I.M.U의 필즈(fielgs)상 거부로 유명.

뇌문(腦文)

—符字 無文의 性學

기억은 짧고 · 春
추억은 길다 · 冬

미토콘드리아

봄, 겨울 잎 지고 꽃 피는
여기

어떤 무엇으로 지금인가
미토콘드리아.

---

* mitochondria—세포 속의 에너지

5

영대(靈臺)

영대(靈臺) / 여의도 / 능소화 / 도화곡(桃花谷) /
복수초(福壽草) / 오시목(烏柹木) / 송이(松栮) /
춘수(春瘦) / 수월관음도(水月觀音圖)

영대(靈臺)

—수술 11. 3. 28

입관 전(入棺前) 같다

에테르에 취한
집도 세 시간,
우윳빛 의식은 티 하나 없다

—텅 빈 충만

이 저승 길 찰나도 무탈하다
눈을 뜨다

"정토인가?"
"회복실에요."

신생의 제 일성은 웃음 꽃자리

내가 너와 다시 만나는구나

고맙고 반갑고 마냥 기쁘다.

여의도

—暈城*

'청다(淸茶)는 춘색
청주(淸酒)는 추색'*

마주보면 요요롭고
멀어지면 망망하다

사무쳐 살자하던
저 꽃자리

감감히 묻혀 살던
그 빈 자리

오늘따라 환하다
더 없이 붉다

강바람에 휘감겨
돌아온 여기

벗어버린 육탈보다
허허롭다

발길만 춥다.

---

* 具常 詩宗의 아호.
* 평소 차와 술자리에서 나누던 한담

능소화

햇살이 깔리는 아직인 여름
능소화 핀 토담에 기대
만장(挽章)의 슬픈 사랑을 보다

저 멀고 아득한 한 지어미의 꽃심
꽃보다 진한 애잔이 붓끝에 흐르다

누가 알랴
허공으로 떠난 긴 울음
가물가물 기약 없던

사백 생멸의 적막—

별빛 총총이 묻어둔 무덤
밤이슬 다 젖어도
끝내는 닿지 못한 그리움이 거기 서 있다

눈물보다 찬 꽃잎도 내 발을 적신다

남은 여름이 춥다.

---

* 능소화—어사화로도 쓰였던 주황색 꽃으로 사대부가의 앞마당에만 심었던 덩굴나무 꽃. 지어미—1998년 4월, 안동시 정상동 산기슭의 무덤에서 4백년 전에 부친, 망부를 기리는 편지가 출토됨.

도화곡(桃花谷)

—太行山

빈 술잔에

복사 꽃잎

산 그늘도 스며

붉다
검다가

해 저문다.

---

* 도화곡—겨울에도 복사꽃 피는 계곡이 현존함.

복수초(福壽草)

눈 속의 별 같다

노오란 꽃판

쟁쟁쟁 소리를 푼다

먼 세상 등불 같다

바람의 손짓.

오시목(烏柹木)

먹감나무 오시목 멍든 속 띠앗
남은 여일 세월 빚어 문체 깎는다
소목장 손길 익혀 문장 짜본다

생의 필묵 속 검져진 독필(禿筆)
고향집 뜨락에 익어 서 있던

어제의 오시목
흔적도 없다.

송이(松栮)

빛의 미광이 깔리는
마른 솔잎은 마냥 도탑다

눈 뜬 몇 송이
젖은 숲이 마를 때
송이는 식탐 발광충(發光蟲)이 된다

향(香)은 가볍다

덮인 한 장의 숨결

낮은 생(生)도 달다.

춘수(春瘦)

꽃 핀 매화 숲은 구름 같다

매화 꽃보라

바람에 날려 산화하는 날,

매화향 입고 누워

예 잠들리

여윈 봄빛 입혀 안겨

예 잠들리.

수월관음도(水月觀音圖)

시선의 끝자락에 머무는 숨결
밀지(密旨)는 적막하다

멀어져야 비로소 가까워지는
반개(半開)의 눈빛

지금 무엇을 위한 무념(無念)인가
백색 원광의 소식조차 자진(自盡)하는
적정의 후광은 넓다

여기 세속으로 잔잔히 흐르는 적조(寂照)의 광명,
눈빛 밀집(密集)의 생(生)은

이승을 향한 자광(慈光)인가
저승을 위한 비원(悲願)인가.

6

풍류(風流)

오두막 / 봄 눈 / 유자사향(游子思鄕) /
고산족(高山族) / 안식향(安息香) / 심(芯) /
정원(庭園) / 춘불로(春不老) / 유자(游子) / 빈
자리 / 독필(禿筆) / 제주 일경(一景)

오두막

一間斗屋

산세는 향남(向南) 배북(背北)
좌우는 방풍(防風) 능구(陵丘)
문전은 쌍류(雙流) 석계(石溪)
앞뜰은 옥천(玉泉) 송림(松林)

십리 외길은 황토 마사길

집 안에서 밖이 보여도
집 밖에서 안이 안 보이는
내관(內觀) 외절(外絕) 터

오두막 한 채 아직 없어라

봄 눈

개울가 봄눈 녹아 물 흐르는 소리
압수(鴨水) 건너 산촌은 물 종종종
압수 안악 들녘은 물 졸졸졸
밤 들고 별 뜨자 모여 노는 자리
종종종 졸졸졸 모여 노는 노래
흐르는 물소리 절로 정겹고
부르는 노래 소리 절로 즐겁다.

---

* 春雪川邊 泮淙淙. 압록강 건너 사는 만주인들의 귀에 봄눈 녹아 흐르는 물소리는 '종종종'으로 들리고, 우리네 사는 산 귀에는 '졸졸졸' 들린다는 비교 운(韻).

유자사향(游子思鄕)

스무 몇 해 오가며 되돌아 보니
오히려 고향은 낙양(洛陽)

뤄하(洛河)에 잠긴 달 마주 보다
뤄선(洛神)의 못 다한 꿈만 담는다

집 떠나 떠돈 지 또 몇 해,
남은 세월 어느 곳 내 고향인지

뤄푸(落浦)의 강변 버드나무 숲,
잎에 쓴 소식 담아 배 띄워 본다.

고산족(高山族)

一夜百年

미수(米壽)의 고산족, 등 굽은 노인
옛눈은 지금 어디에 묻고
송진불 등잔 아래
초사(楚辭)*를 읽는가

시문(詩文)은 강심(江深)인데
선지(禪旨)는 천변(川邊)이다

밤새 내린 장대비 아침에 멎자
떠나는 유자(游子)에게 차를 권한다

첫 잔은 손님
둘째 잔은 친구
셋째 잔은 가족

차 석 잔 속에 백년을 담는
은밀한 풍습의 저 고산족

'나는 님을 보냈지만
님은 나를 떠나지 않네'

열여덟 아미(娥眉)의 이슬 젖은 눈
아직인 지금껏 가슴에 남다.

---

* 漢나라 유향(劉向) 굴원(屈原), 송옥(宋玉), 가의(賈誼), 회남소산(淮南小山) 등이 지은 사부(辭賦)를 모아서 초사라 함.

안식향(安息香)

텃밭 일궈 거두고, 거둔 후 나누다
나눈 후 머물러, 휘어지게 쉰 후

몰록 떠나다

돌아올 곳이 있기에 떠나는 길
되돌아오는 길은 어디에도 없다

돌아와 쓸 수 없는 글 앞에 앉아

글 없는 길을 쓰다.

심(芯)

방안은 심(芯)만 쑥쑥 자라다

꽃비, 잎비, 눈비 와도 마냥 홀로 앉아

떨어진 잎 쓸 듯, 글만 깎고 있다

깎이고 깎이어서 심(芯)만 남은 토막

글은 빠르고 월은 머문다며

심만 탓한다

삭쟁이 다된

손만 탓한다.

정원(庭園)

뜨락 황매화 봄소식 열자

뒤뜰 감나무 살 떠는 감꽃

봄은 빠르고 열매는 늦는다며

서로 다투다 따로 웃는다.

---

* 庭前後園의 준말

춘불로(春不老)

노년의 자족(自足)은 여유로운
노인의 자진(自盡)은 여지없는

－이어짐일 때

봄볕 속, 한자리 곤히 잠들리.

유자(游子)

노랗게 타는 불꽃, 잎 길 멀어진
까뭇한 점자락에 머문 저 유자
붉은 단풍 익은 자리 감감히 묻혀
지친 발길 한 발 접고, 적막 속에 쉬다
등 밝혀 원(願)을 안고 꿈길에 들다.

빈 자리

가족은 있어도 가정이 없는
가정이 있어도 가족은 없는

지워진 세월, 멀기만 하다

지금, 빈 자리 어디쯤
누가 무엇으로 와 있나

텅 빈 그 자리에 앉은 뒷모습

저무는 세월이 저러 하구나.

독필(禿筆)

—몽당연필

언제부터인가
보고 듣고 쓰는 일이

몰록 하나로 열려

입술로 쓴다, 여기

모필은 혀
철필은 이
연필은 입술이 되어

사랑을 쓴다, 지금

제주 일경(一景)

—全鳳健 詞伯

사월의 제주—
유채향기 감도는 언덕 긴 꽃길
한라산 조랑말들이 줄지어 걸어가다

귓부리에 매달리는 방울소리도 없이
꼬리에 감기는 빛 노란 향기만 털며
말굽에 묻어나는 슬픔만 굽어보다

떼지어 뛰어가는 —

사월의 제주 —
유채향기 감도는 언덕 긴 꽃길
한라산 조랑말들이 점지어 사라지다.

---

* 전봉건 사백은 이중섭을 기리며 못다 한 제주 서귀의 풍경을 아쉬워 하였음.

7

우란문학(牛蘭文學)

문학 이야기 / 창암 유수체(蒼岩 流水體) /
문장(文章) / 나이테 / 민통선(民統線) / 그대
그냥 살라

문학 이야기

—牛溪에게

아주 오래 전, 세상의 문장에 맞서
눈뜬 문체, 우란문학이 있었지

열 살 소년 동인(同人) 가입을 놓고
방란(房亂)이 일만큼 달뜨던 때

마곡(麻谷) 스님, 동인지 인자(人字)를
짚고 써보라 하였지

'사람 人자 셋이면'

사람 人자 셋이 모여 멀어지면 山.

'사람 人자 둘이면'

눈썹, 眉.

'사람 人자 하나면'

지팡이 杖.

고요는 한 자 두 자 세 자 속의 꿈을 흔들고…
문밖 하루 안, 맴돌던 그 말,

—송연(悚然)하다, 송연해—

송연이라는 그 말이 궁금해 후일 근원(槿園) 선생께
여쭈어 본즉, 섬뜩하다는 말.

무언이대(無言以對), 대답할 말이 없다며
申 선생은 연삼일 대취(大醉)하셨고
일언난진(一言難盡), 한마디도 할 말 없다며
마곡 스님은 훌훌 떠나가셨다는

육십년이 지난 지금껏, 내 독필(禿筆)은
달라진 것이 없다

1949년 이후, 한 걸음도 관애(關隘)를 벗어나지 못하고
있다.

관(關).

창암 유수체(蒼岩 流水體)

—申田雨 老師에게

창암 서체의 심획(心劃)을 익힌다 하여
가녀린 종다리에 싸리꽃 피멍
머물 날이 없던 초동 시절

매일 새벽 서법(書法)을 읽을 것
매일 해서(楷書) 50자를 쓸 것
매일 행서(行書)와 초서(草書)의 형상을 볼 것
책을 많이 읽고, 시를 많이 짓고
몸을 소중히 지킬 것

창암 이삼만(李三晩)의 유지를 그대로 옮겨
내게 전하던 신노사(申老師)

이십년 전 낙양 용문석굴 고양동(古陽洞)에서
한서(漢書) '龍門二十品賦'의 묵보(墨寶),
해서(楷書) 조시(肇始)의 석각본(石刻本) 진체(眞體)를 보다

계족산(鷄足山) 영대(靈臺)
申노사 신위(神位) 앞

용문 원탁본(原拓本) 한 본(一本)
전단 향 한 갑(一匣)
두강주(杜康酒) 이배(二杯) 존주(尊酒) 후

분향 재배하다.

* 신전우(申田雨) – 유교 신봉자로 강호를 떠돌다 선친 栢雨堂을 만나 예숙(藝塾)을 열고 후학을 지도함. * 杜康酒 – 조조가 즐기던 명주. '두강주를 모르는 자는 인생을 논하지 말라'는 일화로 유명.

문장(文章)

모든 연(緣)으로부터 여유롭고
모든 인(人)으로부터 자유로울 때
문장은 문(文)으로부터 자재롭지 않을까

뜬금 없이 문득
마음 터 본다.

나이테

바람이 지나간, 우듬지의 손짓
저 흔들림만이
새로운 무늬로 기억되어
안으로 감아 올린다

잎 그늘이 거두어도 지워지지 않는
뿌리의 봄은 잠들고
깨어 있는 손짓은 하늘을 닮다
몸 안으로 스며든다

옥조인 가슴 안의 세월에 감겨
마침내 자진(自盡)하는 숲의 숨결

젖은 여름 위에 숲이 서 있다.

민통선(民統線)

녹슨 분계선- 억새풀 울섶
한낮에도 풀벌레 울음 가득하다

날선 가시덤불 '허리'에 가로 누운
통한과 초연으로 서로를 그어 놓고

유월의 천둥, 세월의 먹구름
마주선 빈 가슴에 빗발로 떨어지는

지워지지 않은 분계, 황톳빛 선상
온몸의 무지개로 내 지우리

원(願)을 든 등탑(燈塔) 세워
내 지우리.

그대 그냥 살라

그대 그냥 살라
있는 그대로, 되는 그대로
그대 그냥 살라
세상사 별밭 같은 사연
없는 일만 못할 때도
그대 그냥 살라
어디에나 있듯, 어디에도 없듯
그대 그냥 살다 가라.

8

얼몬

얼몬

향(響) / 미(眉) / 경(鏡) / 귀향 / 강과(剛果) /

무릎밥(膝飯) / 오동꽃 / 글월 / 얼몬의 월

얼몬*

–한 글자로 한 글귀의 글월을 빚어낼 수 있는, 한 글귀를 한 글자로 말할 수도 있는–

향(響)

얼의 울림은 향(響), 그 기침의 자정(子正).

* 響 : 응하여 울리는 소리, 메아리

미(眉)

푸른 미간(眉間) 잎길 위에 깔린 싸락눈.

* 眉間 : 눈섭 샅

적(寂)

투명한 대정(大靜)의 이슬 유리잔
가을의 눈을 담는 색채의 입술.

---

* 얼과 몸의 합성어. 얼은 정신, 몬은 활물(活物).

노(露)

겨자씨 씨눈 안에 튼 이슬 눈
포옹처럼 입맞춘 일경(一徑)의 켜.

* 一徑 : 한 가닥 길. * 켜 : 포개어진 몬의 층

경(鏡)

은주발에 담은 달,
거울 속 보름

귀향

마상 위에 잠든 달, 타는 서리눈.

강과(剛果)*

떼무리 하마(河馬) 창공을 물자
민민(泯泯)한 초원 하품을 하다.

---

* Congo의 한어(漢語).

무릎밥(膝飯)

불씨 꺼진 아궁이 못다 핀 굴뚝
연기만 외롭다 검은 머플러

오동꽃

오동木 꽃 피면 농(籠) 짜는 남산(南山)
포동木 익으면 관(棺) 짜는 망산(邙山)

글월

一字成分 一句成章
行文流水 涉于春氷

얼몬의 월

일추편성(一槌便成)이란 말이 있다. 여러 이유를 달지 않고 한마디로 깨우침을 열어 준다는 뜻. 그러한 구경(句境)을 한두 행으로 압축한 響·鏡을 얼월이라 한다.

얼월은 두 개 이상의 단어가 모여 一行 一句에는 響法을, 二行 一句에는 鏡法을 사용하여 얼몬을 現成한다. 때문에 얼몬은 형식이 간결하면서도 내용이 살아있고 비유가 모자라도 본질을 잃지 않는 온전한 얼을 체현한 道文이어야 한다.

그것은 오랜 절이나 聖堂, 신새벽에 머무는 종운(鍾韻)이라 할까, 隱約된 숨결의 눈짓이라 할까. 그것은 均定 自在한 자각이요 결정된 사유의 현장이 아닌, 가능한 무념을 표현한 悟文이어야 한다. 그러므로 얼몬은 詩의 변형된 세계가 아니라 시의 세계 안의 悟妙한 세계를 명쾌한 격조로 돌창해내야 한다.

좀 시야를 넓혀 詩經에서 싹이 트고 楚辭에서 꽃이 핀다는 근체시의 絕句에서부터 頌句(印)나 禪句(中), 俳句(日)나 시조(韓)에 이르기까지 그곳에 표현한 언어 요점에 진의를 살펴보면 그 적용 범위에 있어 반드시 그 한계가 드러난다.

그것은 낡은 것 같으면서도 날로 새롭고 시대에 뒤진 것 같아도 더 앞설 것이 없는 言表된 모든 것의 爲文이 그 쓰임에 있어 다 함이 없기 때문이다.

얼몬은 그러한 詩語에 의해 말하기 어려운 사유, 얼월을 현성하고 그러한 얼에 의해 간명하고 탄력 있는 詩品을 創現해 낸다. 한 말로 얼몬은 語文의 전달이 아닌 無說의 월이요 창도자초(創道自超)의 句다. 선지(禪旨)가 열리면 문장이 멀어진다는 말. 그에 대한 대안방편(代案方便)이 얼몬이다.

9

낙양역대사부작가
(落陽歷代辭賦作家)

時代	作者	與洛陽有關的生平事迹	辭賦作品
西漢	賈誼	洛陽人。	鵩鳥賦　弔屈原賦　旱雲賦　簴賦　惜誓賦
	司馬遷	其父司馬談病死洛陽，遷見父于河洛之間。	悲士不遇賦
東漢	桓譚	建武初征待詔，拜議郎給事中。	仙賦
	馬融	永初中，大將軍鄧騭召爲舍人，拜校書郎，又拜郎中，在東觀十年不調。	琴賦　長笛賦　圍棋賦　樗蒲賦　龍虎賦
	馮衍	爲司隸從事。	顯志賦
	梁竦	梁統子，其女爲章帝貴人，生和帝。	悼騷賦
	班固	永平中召拜校書郎，除蘭臺令史，遷爲郎。	兩都賦　終南山賦　覽海賦　耿恭守疏勒城賦　幽通賦　竹扇賦　白綺扇賦
	杜篤	建武中坐事爲美陽令所收，送京師，于獄中爲吳漢誄，賜帛免刑。	祓禊賦　首陽山賦　論都賦　書槴賦　衆瑞賦
	朱穆	順帝末辟大將軍梁冀府，桓帝初爲御史，征拜尙書。	鬱金賦
	袁安	征爲河南尹，建初中遷太僕，爲司空，司徒。	夜酣賦
	王充	元和中轉治中。	果賦
	劉騊駼	永初中召入東觀，爲校書郎。	玄根賦
	黃香	建初中除郎中，元和中拜尙書郎，永元中進左丞，累遷尙書令。	九宮賦
	傅毅	建初中爲蘭臺令史，拜郎中，典校秘書。	洛都賦　反都賦　雅琴賦　舞賦　扇賦
	崔駰	和帝初，車騎將軍竇憲辟爲府掾，進主簿。	大將軍西征賦　大將軍臨洛賦　反都賦　武賦

	崔琦	永和初擧孝廉爲郎	白鵠賦
	崔寔	桓帝初除爲郎，拜議郎，著作東觀。	大赦賦
	蘇順	和、安間拜郎中	嘆懷賦
	李尤	永元中召詣東觀，拜蘭臺令史。安帝時爲諫議大夫。	函谷關賦 辟雍賦 德陽殿賦 平樂觀賦 東觀賦
	張衡	公車特征拜郎中，遷尚書郎，轉太史令，陽嘉中遷侍中，征拜尚書。	溫泉賦 思玄賦 二京賦 南都賦 定情賦 歸田賦 舞賦 扇賦 羽獵賦 冢賦 鴻賦
	葛龔	永初中擧孝廉，爲太官丞，拜黃門郎。	遂初賦
	王逸	元初中除校書郎，順帝時進侍中。	機婦賦 荔支賦
	王延壽	王逸子。	魯靈光殿賦 夢賦 王孫賦
	邊韶	順帝時歷尚書郎，桓帝時拜太中大夫，入拜尚書令。	塞賦
	趙岐	辟司空房植掾 辟大將軍梁冀府。	藍賦
	張奐	拜議郎 征拜大司農。	扶蕖賦
	廉品	爲議郎。	大儺賦
	蔡邕	建寧三年辟司徒橋玄府，拜郎中，校書東觀，遷議郎，征署祭酒，補侍御史，轉侍書御史，遷尚書，爲侍中。	人賦 瞽師賦 琴賦 筆賦 彈棋賦 團扇賦等十六篇
	趙壹	光和初擧郡上計至洛陽。	迅風賦 解擯賦 刺世疾邪賦 窮鳥賦
	邊讓	大將軍何進征署令史，以才高屢遷。	章華臺賦
	陳琳	爲大將軍何進府主簿。	大暑賦 止欲賦等十篇
	阮瑀	陳留人，師事蔡邕。	紀征賦 止欲賦等四篇

	班昭	班固爲《漢書》其八表及〈天文志〉未就，和帝詔就東觀續成。召入宮，令皇后貴人師事。	東征賦　鍼縷賦　大雀賦　蟬賦
魏	曹操	靈帝時爲郎，除洛陽北部尉，征拜議郎，拜騎都尉。	滄海賦　登臺賦　鶡鷄賦序
	曹丕	魏文帝，都洛陽。	有愁霖賦　喜霽賦等二十八篇
	曹叡	魏明帝，在位十三年	游魂賦
	曹髦	嗣廢帝即位。在位六年。	傷魂賦
	曹植	武帝子，曹丕同母弟，多次朝京師。	洛神賦　洛陽賦等五十四篇
	夏侯惠	爲散騎黃門侍郎。	景福殿賦
	夏侯玄	爲散騎黃門侍郎，遷散騎常侍中護軍　拜大鴻臚。	皇胤賦
	王肅	爲散騎黃門侍郎，拜散騎常侍，領秘書監　拜議郎，尋爲侍中。	格虎賦
	鍾毓	爲散騎侍郎，遷黃門侍郎，散騎常侍，拜御史中丞，爲尙書。	果然賦
	鍾會	爲秘書郎，遷尙書中書侍郎，遷黃門侍郎，遷司隷校尉，進司徒。	遺榮賦　懷士賦　蒲萄賦　孔雀賦
	邯鄲淳	黃初初爲博士給事中。	投壺賦
	吳質	太和四年，入爲侍中。	魏都賦
	卞蘭	卞后侄。爲奉車都尉游擊將軍，加散騎常侍。	贊述太子賦　許昌宮賦
	劉劭	爲尙書郎散騎常侍，遷散騎常侍。	趙都賦　洛都賦　許都賦　嘉瑞賦　龍瑞賦
	韋誕	爲侍中中書監。	叙志賦　景福殿賦
	傅巽	黃初中爲侍中，遷尙書。	槐樹賦　蚊賦

	繆襲	事魏四主，至散騎常侍，轉尚書光祿勳。	喜霽賦　籍田賦　許昌宮賦序　嘉夢賦　青龍賦
	何晏	拜駙馬都尉，進散騎常侍，遷侍中、吏部尚書。	景福殿賦
	孫該	爲郎中，遷博士，司徒右長史，著作郎。	三公山下神祠賦　琵琶賦
	杜摯	明帝時郎中令，補校書郎。	笳賦
	阮籍	爲從事中郎，尋爲步兵校尉。	東平賦　首陽山賦　鳩賦　獮猴賦　清思賦　元父賦
	嵇康	尚魏宗室長樂亭主，除郎中拜中散大夫。	琴賦　酒賦　蠶賦　懷香賦序
西晉	左芬	左思妹。泰始八年拜修儀，後爲貴嬪。	離思賦　孔雀賦　鶗鴂賦　白鳩賦　松柏賦　涪漚賦
	司馬無忌	嗣封譙王，咸和中拜散騎侍郎，累遷屯騎校尉，中書黃門侍郎。	圓竹扇賦
	王廙	惠帝時辟太傅掾，轉參軍，拜尚書郎。	洛都賦　思逸民賦　笙賦　白兔賦
	王沈	魏時官至御史大夫，守尚書令給事中。晉受禪轉驃騎將軍錄尚書事。	正會賦　宴佳賓賦　餞行賦　馬腦勒賦　車渠觶賦
	王濟	爲中書郎　進侍中　出爲河南尹。	槐樹賦
	荀勖	魏時官至侍中，晉武帝時拜中書監，加侍中，進光祿大夫尚書令。	蒲萄賦
	何楨	魏時拜延尉，入晉爲尚書光祿大夫。	許都賦
	盧浮	仕魏爲太子舍人，入晉爲國子博士，遷祭酒，爲秘書監	相風賦
	盧諶	尚武帝女榮陽公主，拜附馬都尉，辟太尉掾。	感運賦　燕賦　蟋蟀賦等十篇。
	應貞	遷給事中，太子中庶子，散騎常侍。	臨丹賦　安石榴賦　蒲桃賦
	庾儵	入晉爲尚書。	冰井賦　大槐賦　安石榴賦

	庾 敳	遷吏部郞，轉軍諮祭酒從事中郞。	意賦
	羊 祜	魏時官至相國從事中郞。晋時拜中軍將軍，加散騎常侍。	雁賦
	傅 玄	魏時領典農校尉，入晋遷散騎常侍，加附馬都尉，遷侍中。	風賦 喜霽賦 陽春賦等五十三篇。
	傅 咸	泰始末官至尚書左丞，元康初轉太子中庶子，遷御史中丞。	喜雨賦 登芒賦 叩頭蟲賦等三十六篇
	成公綏	征爲博士，歷遷中書郞。	洛禊賦 大河賦 嘯賦等二十八篇
	張 華	仕魏遷長史兼中書郞，入晋遷中書令，拜右光祿大夫侍中，拜司空。	天地賦 鷦鷯賦等二十三篇
	孫 楚	遷著作佑郞。	韓王故臺賦 登樓賦鷹賦等十七篇
	孫 盛	從平洛。	鏡賦
	嵇 含	擧秀才 爲郞中 從事中郞。	娛蠟賦 酒賦 寒食散賦等十六篇
	棗 據	遷尚書郞轉右丞 徙黃門侍郞 太子中庶子。	表志賦 逸民賦 登樓賦 船賦
	夏侯湛	拜郞中 轉尚書郞 除中書侍郞 進散騎常侍	寒雪賦 雷賦 禊賦 大暑賦等二十五篇
	文 立	入晋遷太子中庶子 遷衛尉。	蜀都賦
	向 秀	爲散騎常侍，轉黃門侍郞散騎常侍。	思舊賦
	阮 瞻	拜太子中舍人。	上已會賦
	阮 修	爲鴻臚卿 轉行參軍太子洗馬。	患雨賦
	左 思	泰始中爲秘書郞。	三都賦 白髮賦 齊都賦
	摯 虞	拜郞中 擢太子舍人，歷光祿勛、大常卿、秘書監、大常卿。	思游賦 疾愈賦 鴳鵲賦 槐賦 觀魚賦

	張敏	咸寧中爲尙書郎，領秘書監。	奇士劉披賦 神女賦
	温嶠	初爲司隸都官從事，遷司空右司馬，進左長史。	蟬賦
	牽秀	遷司空從事中郎 進尙書。	相風賦
	張載	爲著作佐郎 轉太子中舍人，拜中書侍郎。	濛汜池賦 叙行賦 酃酒賦等七篇
	張協	除秘書郎 入爲中書侍郎。	洛禊賦 登北邙賦 玄武館賦等六篇
	成粲	泰康中爲侍中轉太常。	平樂市賦
	郭太機	河南（今洛陽市）人	果賦
	束晳	著作佐郎，遷博士，再遷尙書郎。	家貧賦 讀書賦 近游賦 勸農賦 餠賦
	楊七	爲給事中，遷左長史	雲賦
	杜育	賈謐二十四友之一，爲國子祭酒。	荈賦 菽賦
	賈彬	爲車騎長史。	箏賦
	潘岳	補尙書支度郎 遷廷尉評 補著作郎 轉散騎常侍。	秋興賦 登虎牢山賦 滄海賦 籍田賦 閑居賦 射雉賦等二十二篇
	潘尼	爲太常博士，拜太子舍人，官至侍中秘書監。	苦雨賦 懷退賦 東武館賦等十四篇
	陸機	與弟雲入洛，遷太子洗馬著作郎，遷尙書中兵郎 轉殿中郎 進中書郎。	文賦 懷舊賦 祖德賦 感時賦 豪士賦 述先賦等三十篇
	陸雲	與兄入洛，爲太子舍人尙書郎 侍御史 太子中舍人 中書侍郎。	歲暮賦 登臺賦 南征賦 愁霖賦 喜霖賦 寒蟬賦 逸民賦
	木華	爲楊駿府主簿。	海賦
	江統	郎中，轉太子洗馬 遷黃門侍郎散騎常侍。	徂淮賦 函谷關賦

	曹攄	元康末年爲洛陽令。	述志賦 感舊賦 圍棋賦
	張翰	大司馬東曹掾。	杖賦 豆羹賦
	歐陽建	尚書郎。	登櫓賦
	胡濟	元康中爲尚書郎 領著作。	瀍谷賦 黃甘賦
	陶侃	元康中除爲郎。	相風賦
	孫惠	除散騎郎太子中庶子，補司空從事中郎。	楠榴枕賦 維車賦 龜賦 百枝燈賦
南朝宋	傅亮	亮從征關、洛，有〈爲宋公至洛陽謁五陵表〉	九月九日登陵囂館賦 登龍岡賦等六篇
北魏	元順	官至侍中，吏部尚書兼右僕射，轉左僕射。	蟬賦
	李騫	爲大將軍法曹參軍太宰府主簿，轉中散大夫。	釋情賦
	李諧	歷尚書郎、中書侍郎、除金紫光祿大夫。	述身賦
	盧元明	中書侍郎，天平中兼吏部郎中，拜尚書右丞。	劇鼠賦
	裴伯茂	再遷散騎常侍，典起居注，中書侍郎。	豁情賦序
	陽固	宣武即位 除給事中，領侍御史、轉治書。	演賾賦
	袁翻	太和末爲奉朝清，後遷司徒祭酒 尚書殿中郎。	思歸賦
北齊	邢劭	除奉朝清 遷著作佐郎	新宮賦
	魏收	孝明時除太學博士，遷司徒記室、參軍。	南狩賦 騁游賦 皇居新殿臺賦 懷離賦（存目）
隋	李播	弃官爲嵩陽觀道士。	天文大象賦

唐	楊師道	隋末客居洛陽。	聽歌管賦
	盧照鄰	一度客居東龍門山，向洛陽名流朝士乞求醫藥。	秋霖賦　馴鳶賦　窮魚賦　雙槿樹賦　病梨樹賦
	王　勃	東都洛陽造乾元殿，勃奏《乾地殿頌》。	九成宮東臺山賦　游廟山賦　春思賦等十二篇
	楊　炯	天授元年回洛陽，于習教館任教。	渾天賦　浮漚賦　盂蘭盆賦等八篇
	劉允濟	洛州鞏人。	明堂賦　天賦　地賦　萬象明堂賦　天行健賦
	陳子昂	開耀二年在洛陽應試落第。文明元年再游東都	麈尾賦
	張　説	洛陽人，東京留守。	喜雨賦　進白鳥賦　虚室賦　江上愁心賦　畏途賦
	王泠然	〈新潭賦〉云：『國之天府，名曰河南。』又曰：『自記從調，恒來此游。』	新潭賦　清泠池賦　蘇合山賦等六篇
	賈　曾	河南洛陽人。	水鏡賦
	張　環	〈新潭賦〉曰：『觀其沙石中映，魚龍内涵。』	秋河賦　新潭賦　以玉抵鵲賦
	閻朝隱	聖曆二年則天不豫，令朝隱往少室山祈禱。	晴虹賦
	王　維	爲禄山所得，置洛陽，迫爲給事中，爲凝碧池詩。	白鸚鵡賦
	李　白	天寶四載至洛陽會見杜甫。	大鵬賦　惜餘春賦　明堂賦等八篇。
	劉長卿	少讀書嵩山。	冰賦　酒賦
	宋　璟	東京留守。	梅花賦
	蕭穎士	調河南府（今洛陽地區）參事，游少室山龍門。	登宜城故城賦　登臨河城賦　伐櫻桃樹賦等八篇
	蕭　昕	河南人（今洛陽市）	總章右個賦等四篇。

	岑參	二十歲後往返于長安洛陽間十年。	感舊賦
	杜甫	河南鞏縣人，開元十三年至洛陽參加進士考試	朝獻太清宮賦　封西岳賦　雕賦等七篇
	韋應物	永泰中遷洛陽丞。	冰賦
	李濯	貞之時人《廣達樓》寫洛陽宮殿。	廣達樓賦　內人馬伎賦
	元結	河南人（今洛陽市）	說楚何荒王賦等三篇
	李絳	東都留守。	太清宮觀紫極舞賦
	獨孤及	河南洛陽人。	夢遠游賦　漢光武渡滹沱冰合賦
	梁肅	河南新安有舊居。	過舊園賦　指佞草賦等四篇
	常袞	封河南郡公。	春蒐賦　浮萍賦
	嚴維	辟河南幕府（今洛陽地區）。	中書試黃人守日賦
	權德輿	東京留守。	傷馴鳥賦　洞庭春溜滿賦　行舟逗遠樹賦
	范榮	生平事迹不詳。	測景臺賦
	裴度	東京留守。	神龜負圖出洛賦　黃目樽賦等十二篇
	令狐楚	東京留守。	合浦還珠賦　漢白玉竹宮望拜神光賦
	劉禹錫	太和三年爲主客郎中分司東都，開成元年遷太子賓客分司東都。	望賦　何卜賦　山陽城賦　楚望賦等十一篇
	孟簡	元和中官太子賓客分司東都。	白馬呈瑞賦
	李逢吉	東京留守。	進善旌賦

	于可封	洛陽人。	至人心鏡賦
	馮宿	官河南尹（今洛陽地區）。	鮫人買綃賦　初日照冰池賦　星回于天賦
	李翱	轉河南府司録參軍	感知己賦　幽懷賦　釋懷賦
	元稹	河南人（今洛陽市）。	鎮圭賦　觀兵部馬射賦等五篇
	白居易	長慶四年任太子左庶子分司東都。太和四年以太子賓客分司東都　爲河南尹，太和七年致仕，居香山。	行賦　賦賦　敢諫鼓賦　洛川晴望賦等十六篇
	王起	官河南尹（今洛陽地區）。	東郊迎春賦等六十五篇
	皇甫湜	長慶二年爲東京留守裴度判官。	東還賦　傷孤獨賦　醉賦　履薄冰賦等六篇
	李紳	太子賓客分司東都　開成元年爲河南尹。	寒松賦　善歌如貫珠賦
	李德裕	宣宗立，以太子少保分司東都。	黄冶賦　鼓吹賦　白芙蓉賦等三十二篇
	李庾	大中時曾官行殿中侍御史分司東都。	西都賦　東都賦
	賈餗	河南人（今洛陽市）。	履薄冰賦等十二篇。
	韋琮	以太子賓客分司東都。	月明星稀賦　明月照積雪賦
	李景讓	以太子少師分司東都。	望春宮賦
	司空圖	乾符五年以光禄寺主簿分司東都。	題山賦　春愁賦　共命鳥賦　情賦
	鄭宗哲	生平事迹不詳。	温洛賦
	吳筠	入嵩山依潘師正爲道士。	思還淳賦　岩棲賦　登真賦等八篇
	五季友	河南人（今洛陽市）。	商丘開泳得明珠賦　鑒止水賦

	賈登	待考。	上陽宮賦
	張環	待考。	新潭賦
	闕名		測景臺賦
	闕名		洛月晴望賦
宋	趙湘	河南府尹。	正性賦 姑蘇臺賦 後感知賦
	錢性演	河南府尹兼西京留守。	春雪賦
	丁渭	知河南府。	大蒐賦
	王曾	明通中判河南。	矮松賦 有物混成賦
	蔣堂	西京留守。	北池賦 首陽山賦
	夏竦	知河南府。	河清賦 藏水賦等十三篇
	種放	河南洛陽人。	端居賦
	范仲俺	死後葬於洛陽萬安山下	明堂賦 秋香亭賦 靈烏賦等三十篇。
	范鎮	西京留守	大報天賦 長嘯却胡騎賦
	梅堯臣	天聖九年任河南縣主簿。	紅鸚鵡賦 述醸賦 靈烏賦等二十篇
	文彦博	嘉祐三年出刺河南。以大師致仕居洛陽，與富弼、司馬光等十三人置酒賦詩，名洛陽耆英會。	聖駕幸太學賦 金苔賦 雁字賦 土牛賦等十九篇
	歐陽修	天聖九年任西京留守推官。	秋聲賦 病暑賦 鳴蟬賦等二十篇
	邵雍	洛陽人。	洛陽懷古賦

	蔡襄	西京留守。	士伸知已賦　秋季牡丹賦慈竹賦
	司馬光	熙寧四年任西京御史臺，居洛十五年。	交趾獻奇獸賦　稷下賦　靈物賦
	范純仁	西京留守。哲宗親政，辭相去河南府，死後葬洛陽。	秋風吹渭水賦　喜雪賦
	李清臣	西京留守。	超然臺賦
	程顥	洛陽人。王安石變法，他退居洛陽。	南廟試佚道使民賦
	蘇軾	忤王安石，出爲河南推官。	巫山賦　屈原廟賦　超然臺賦　黄樓賦等九篇
	張商英	死後葬洛陽，有張商英冢。	清涼山賦　東湖賦
	陳與義	洛陽人。	覺心畫山水賦　玉延賦　放魚賦
	王仲旉	洛陽人。	南都賦
	李處權	洛陽人。	樂郊賦　歸夢賦　梅花賦　悼亡賦
	樓異	建中靖國初爲登封令。	嵩山三十六峰賦
金	元好問	金亡不仕，流寓永寧。	秋望賦　蒲桃酒賦　新齋賦　行齋賦
	李俊民	棄官歸隱居嵩山。	醉梨賦
元	姚燧	河南（今洛陽市）人。	烏木杖賦
	陳麟	洛陽人。	九章賦
明	劉咸	待考。	嵩山賦　黄河賦
	趙時春	待考。	洛原賦、司命賦等六首

時代	作者	簡介	作品
	盧柚	待考。	嵩陽賦 懷隱賦 梁苑仙人賦等二十一篇
	傅梅	萬歷中知登封縣。	太室十二峰賦
	曹璉	余因駐節騁目。	嵩山二十四峰賦
	葉秉敬	待考。	錦屏山賦 靈山酌水賦
	張論	永寧人。	金門山賦 嶕嶢山賦 陽虛山賦 壇屋山賦
清	王鐸	河南孟津人。	擬山園賦 北邙冢賦 金谷賦
	耿介	登封人，晚年主講嵩陽，書院。	金臺懷古賦 嵩高賦 嵩陽書院雙柏賦 迎春花賦
	呂法曾	新安人。	夢月岩賦
	魯曾煜	待考。	中岳賦
	袁良謨	待考。	洛水賦

落穗

중국은 하나의 대상으로 볼 수 없는 드넓은 영역이다. 역사학회에서조차 몰랐던 한 시기의 문물이 뤄양(洛陽) 근교에서 지금 발굴되고 있지 않는가!

뤄양 생활이 3년으로 접어든다. '작은 이별은 신혼보다 낫다(小別勝新婚)'는 말도 있지만, 저러한 애린의 애틋함과는 사뭇 다른 참으로 외롭고 힘든 인고의 시간이었기에, 3년의 낙양은 많은 것을 내게 주었고 또 다른 친화와 신뢰를 요구하였다. 그것은 근원적이기도 하지만 뜨거운 현실이기도 하다.

지난 해 3월, 교환교수가 되어 입도 안 떨어진 어휘로 강단에 서서 쓰성(四聲)을 세워 보았지만 어느 길도 그 끝은 아니었다.

"황사언덕에 나그네 간 길 어지럽고/ 사방을 둘러보아도 구름 낀 하늘만 가득/ 저 멀리 하늘과 땅이 맞닿은 곳/ 안서를 지나 하염없이 서로 향하누나"

당(唐)대 시인의 〈과적〉이란 시가 참 많이 가슴에 와 닿던 한 해였다.

한 해가 또 지나가고 다시 3년을 더 머물러야 했던 지난

해, 과연 이곳이 내 인생의 여반(餘半)을 보내야 할 문학의 뤄양인가에 대해 반문하지 않을 수 없었다.

'실천이 진실의 잣대'라는 어록을 보고, 나는 현실 속의 뤄양에 뛰어들어 그 무엇을 건져 올려야만 했다.

한국PEN클럽 본부 일진이 다녀가고, 뤄양대학과 뤄양 시작가연맹과의 교류가 열리고, 〈펜문학〉과 〈월간문학〉에 뤄양 작가의 작품이 번역 소개되었다. 120명의 연수생들이 다녀가고, 21명의 중국 학생이 한국에 유학을 갔으며, 1만 달러의 장학금이 대학 내에 설립되었고, 국제 진출을 위한 동방문화연구원이 문을 열었다. 그러나 이러한 나 개인의 노력은 아랑곳없이 '뤄양 어디에 신뢰(相信)의 싹수가 보이는가. 너에게 남는 것은 상처(傷身)뿐일 것'이라는 전화가 빗발칠 때마다 나는 고개를 가로저었다.

세상은 '살아지는 사람과 살아가는 사람, 살아내는 사람'이 있다. 지향의 대상은 내 속의 어떤 것이 아니라 나의 바람이다. 바람은 헌신적인 사랑이어야 한다. 나는 늘 갈망하는 큰 사랑의 하늘을 보지만 정작 손에 잡히는 건 아무것도 없다.

얼마 전 특빙(特聘)교수 임명장을 받는 자리에서, 기자가 "뤄양에서 어떤 사람으로 기억되기를 바라는가?"라는 질문에 "진실로 뤄양을 사랑하고, 뤄양인을 사랑하고, 뤄양문화를 사랑했던 한 사람의 한인(韓人)으로 기억해 달라"한 한줌의 말 앞에 다가와 손을 잡는다.

이 눈부신 문화적 영달 속에 몰입한 지 몇 년, 집필은 지적 정수의 체현자로 부상할 시기를 잊은 채, 다시 3년을 체류토록 뤄양이 손을 잡는다. 내륙의 섬 뤄양은 문물의 보고 이전에 나를 잠그는 형지(刑地)의 섬이 된 여기, '한국학연구소'를 설립하라 또 명한다. 예도(禮道)의 구현자로서, 깨어 있는 한국학을 심화시켜 중원에 심고 싶은 바램이 어찌 나 개인만의 일이랴!

20년이 지난 지금, 그 말의 감회가 새롭다.

後記

북한산 토굴에서의 첫 작업은 산적한 문헌과 사진, 파지였다.

□

"여기 소각장이 어디요?"

무뚝한 내 어투에 우듬지의 물꽃처럼 고개를 흔드는 인자(仁者)

"보관해야 합니다."

간절한 눈빛이 산빛(山色)으로 저문다.
송방(松邦) 선로(仙老)의 깊은 뜻을 남은 여생에 담는다.

□

김노사(金老師)의 덖음
숨은 공덕의 손길은 다향(茶香) 같다. 가장 낮은 저층에서 가장 높은 고령, 기진한 삶의 탈진 앞에 늘 노사가 있다. 쉬지 않는 발길은 숨은 풍경 같다.

□

천료(天了)의 덕음(德陰)

이름대로라면 이미 하늘에 닿아버린 완료형 해탈이다.

탈속한 체취, 유장한 목소리는 추억의 풍경 소리처럼 여운으로 남는다.

숨은 헌신은 바람결 같지만, 항용 멀리 보이고 가까이 들린다.

한 자루의 연필을 다하여 감사와 후미의 글로 이 무명(無明)을 덮는다.

2015. 7

中原詩抄

초판 1쇄 인쇄 | 2015년 7월 20일
초판 1쇄 발행 | 2015년 7월 25일

지은이 | 임성조
펴낸이 | 윤영희
주 간 이현실

펴낸곳 | 도서출판 **동행**
등록번호 | 제2-4991호

주소 | 서울시 중구 을지로 14길 16-11
전화 | (02) 2285-0711, 2285-2734
팩스 | (02) 338-2722
이메일 | gongamsa@hanmail.net

값 10,000원

ISBN 978-89-94227-92-4 03810